BEI GRIN MACHT SICH IHR WISSEN BEZAHLT

AF145791

- Wir veröffentlichen Ihre Hausarbeit,
  Bachelor- und Masterarbeit

- Ihr eigenes eBook und Buch -
  weltweit in allen wichtigen Shops

- Verdienen Sie an jedem Verkauf

Jetzt bei www.GRIN.com hochladen und kostenlos publizieren

Bibliografische Information der Deutschen Nationalbibliothek:

Die Deutsche Bibliothek verzeichnet diese Publikation in der Deutschen National-
bibliografie; detaillierte bibliografische Daten sind im Internet über http://dnb.d-
nb.de/ abrufbar.

Impressum:

Copyright © 2018 GRIN Verlag
Druck und Bindung: Books on Demand GmbH, Norderstedt Germany
ISBN: 9783668780699

Dieses Buch bei GRIN:

https://www.grin.com/document/435365

Michèle Hertzsch

Gesundheitsförderung und Prävention in Lebenswelten. Setting Schule

GRIN Verlag

GRIN - Your knowledge has value

Der GRIN Verlag publiziert seit 1998 wissenschaftliche Arbeiten von Studenten, Hochschullehrern und anderen Akademikern als eBook und gedrucktes Buch. Die Verlagswebsite www.grin.com ist die ideale Plattform zur Veröffentlichung von Hausarbeiten, Abschlussarbeiten, wissenschaftlichen Aufsätzen, Dissertationen und Fachbüchern.

Besuchen Sie uns im Internet:

http://www.grin.com/

http://www.facebook.com/grincom

http://www.twitter.com/grin_com

Deutsche Hochschule für

Prävention und Gesundheitsmanagement

Hermann Neuberger Sportschule 3

66123 Saarbrücken

Einsendeaufgabe

Fachmodul:	GFPLW
Studiengang:	BGM
Datum Präsenzphase:	11.06.-14.06.2018
Name, Vorname:	Hertzsch, Michèle
Studienort:	**Leipzig**
Semester:	**WS 15**

Inhaltsverzeichnis

1 Analyse der Ausgangssituation

1.1 Rahmenbedingungen

In dem nachfolgendem Text werden die Rahmenbedingungen für mein gewähltes Setting beschrieben. Hierbei handelt es sich um das Setting Schule. Es geht um das Humboldt Gymnasium in Leipzig. Das Gymnasium sitzt in der Möbiusstraße 8 in 04317 Leipzig-Thonberg. In einer naturwissenschaftlichen bzw. musisch-künstlerischen Richtung werden die Schüler ausgebildet. Lernen können hier alle Schüler aus allen sozialen Richtungen. Da es keine Privatschule ist, kommen keine Kosten auf die Schüler, bzw. ihre Eltern zu.

Im Setting Schule, in dem Fall Gymnasium, sind die Klassen 5-12 vertreten. In der Schule lernen ca. 610 Schüler. Sie werden von ungefähr 54 Lehrern unterrichtet. In den einzelnen Klassen lernen immer ca. 20-26 Schüler.

Die ersten beiden Unterrichtsstunden finden immer als Doppelstunde von 7:45 – 9:15 Uhr statt. Danach folgt eine Pause von 20 min. Im nachfolgenden die Unterrichtszeiten der nächsten Stunden.

3. Stunde: 09:35 – 10:20 Uhr

4. Stunde: 10:30 – 11:15 Uhr

5. Stunde: 11:25 – 12:10 Uhr

Pause: 40 Minuten

6. Stunde: 12:50 – 13:35 Uhr

7. Stunde: 13:45 – 14:30 Uhr

8. Stunde: 14:35 – 15:20 Uhr

9. Stunde: 15:30 – 16:15 Uhr

10. Stunde: 16:25 – 17:10 Uhr

Des Weiteren haben die Schüler der Klassen 5-7 eigene Klassenzimmer. Die anderen Schüler müssen von Unterricht zu Unterricht wandern.

1.2 Personengruppen im gewählten Setting

Tabelle 1: Personengruppen im gewählten Setting

Personengruppe	Anzahl	Altersstruktur	Geschlechtsverhältnis
Lehrer	54	33-63	Frauen: 36 Männer: 18
Schüler	610	10-19	Mädchen: 390 Jungen: 220
Hausmeister	2	56/58	2 Männer

In einer Schule gibt es viele Faktoren, die Einfluss auf die Gesundheit haben können. Die folgenden Aussagen beruhen auf einem Gespräch mit einer Lehrerin an dieser Schule. Ich bin mit ihrer Tochter in eine Klasse gegangen und kann so ihr Aussagen weitergeben. Sowohl bei den Lehrern, als auch bei den Schülern gibt es physische Belastungsfaktoren. Bei den Lehrern ist das der Lärm, der ständig vorhanden ist. Nicht nur in den Pausen ist es teilweise laut, sondern auch im Unterricht selber. Viele Lehrer können sich nicht mehr durchsetzen und sind so dem Lärm ausgesetzt. Bei den Schülern ist es ähnlich. Viele vertragen den Lärm ebenfalls nicht und leiden an unruhigen Mitschülern. Da manche Schüler auch aus niedrigeren sozialen Schichten kommen, ist es auch teilweise ein Problem, dass sie es mit der Hygiene nicht so genau nehmen. Dies ist auch ein Faktor, der die Psyche belastet. Ein weiterer belastender Faktor auf die Psyche der Schüler sind die materiellen Dinge. Auf Grund der Gesellschaft werden Dinge vorgelebt, die übertrieben sind und schon bei den kleinsten einen enormen Druck auslösen.

Ein weiterer schwerwiegender Faktor bei den Lehrern ist, dass diese auf Grund des Personalmangels noch mehr zu tun haben. Einzelne Lehrer müssen so noch mehr Schüler betreuen. Da die Klassen generell auch immer größer werden führt dies zu einer sehr großen Überforderung.

Das es zu wenige Lehrer gibt ist gleichzeitig auch wieder ein Problem für die Schüler. Viele Stunden fallen aus und werden zum Teil nicht nachgeholt. Sowohl Lehrer, als auch Schüler schaffen den Unterrichtsstoff nicht. Dies ist im späteren Alter, bzw. auch vor den Prüfungen ein Problem.

Ein weiterer Belastungsfaktor der immer mehr Schüler betrifft, ist der lange Schulweg. Viele versuchen, die beste Schule für sich zu finden und nehmen dann einen langen Weg auf sich. Zunächst erscheint das als machbar, aber zunehmend wird es dann zum Problem. Nicht nur, durch die ständigen Ausfälle von Bus und Bahn, sondern auch durch die dann doch fehlende Zeit zum Lernen. Das alleine sind schon sehr viele Belastungsfaktoren. Vor allem psychische.

Laut dem Gespräch mit der Lehrerin ist auch zunehmend festzustellen, dass die Schüler immer dicker werden. Es ist eines der neuen gesellschaftlichen Probleme, welches auch hier schon die Kleinsten betrifft.

1.3 Analyse gesundheitsbezogener Daten

1.3.1 Gesundheitsbezogene Daten Lehrkräfte

Laut dem Fehlzeitenreport aus dem Jahre 2016 (Badura, Ducki, Schröder, Klose & Meyer, 2016, S. 359) liegt die Arbeitsunfähigkeitsquote bei Lehrkräften in der Sekundarstufe bei 49,8%. Dies bezieht sich auf die Arbeitsunfähigkeit der AOK-Mitglieder nach ausgewählten Berufsgruppen in der Branche Erziehung und Unterricht im Jahr 2015. Auf 100 AOK Mitglieder kommen 129,6 Fälle. Wenn eine Lehrkraft krank ist, dann dauert diese Krankheitsphase durchschnittlich 10,2 Tage. Der Krankenstand in dieser Berufsgruppe liegt somit bei 3,6%.

Im Folgenden wird die Verteilung der Arbeitsunfähigkeitstage nach Krankenarten in der Branche Erziehung und Unterricht im Jahr 2015 der AOK Mitglieder dargestellt.

Der Fehlzeitenreport (Badura, Ducki, Schröder, Klose & Meyer, 2016, S. 365) sagt aus, dass 36,4% der Arbeitsunfähigkeitstage auf sonstige Erkrankungen zurückführt. Hier wurden also keine Angaben über die vorherrschende Krankheit gemacht. Die zweithöchsten Ausfälle sind mit 17,6% Krankheiten, die die Atemwege betreffen. Danach folgen die psychischen Erkrankungen mit 15,4%. An letzter Stelle stehen in dieser Berufsgruppe Krankheiten der Verdauung mit 5,1%.

1.3.2 Gesundheitsbezogene Daten der Schüler

Bei den Schülern kann generell gesagt werden, dass 94% einen guten Gesundheitszustand aufweisen. Ebenso wird die gesundheitsbezogene Lebensqualität positiv bewertet. Bei der KiGGS-Studie wurde jedoch festgestellt, dass der sozioökonomische Status der Familien einen Einfluss auf die Gesundheit der Schüler hat. Dem zu folge ist das Risiko für einen mittelmäßigen bis sogar zu einem sehr schlechten allgemeinen Gesundheitszustand bei Kindern aus Familien mit sozioökonomischen Status um das 3,4-3,7-Fache erhöht (Robert-Koch-Institut, 2014, S. 1-3).

Am häufigsten sind Schüler, wie auch die Lehrer, von Atemwegserkrankungen betroffen. Bei 88,5% der Jugendlichen konnte in den letzten zwölf Monaten ein grippaler Infekt festgestellt werden. Nachfolgend sind oft Magen-Darm-Infekte zu verzeichnen. Mit 46,8% liegt diese Erkrankung an zweiter Stelle (Kamtsiuris, Atzpodien, Ellert, Schlack & Schlaud, 2007, S. 689).

Die Atemwegserkrankungen und auch die Magen-Darm-Infekte lassen sich in Schulen nicht vermeiden. Überall können die Erreger übertragen werden und stellen so ein hohes Risiko dar.

Übergewicht und Adipositas ist auch ein zunehmendes Problem. Schon 15% der 3-17 jährigen sind von Übergewicht betroffen (Kurth &Schaffrath, 2007, S.739). Vor allem bei Kindern mit niedrigerem sozialem Status tritt das Problem öfter auf.

Kinder und Jugendliche im Alter von 3-17 Jahre essen kaum noch genügend Obst oder Gemüse am Tag. Gerade mal 10,7% essen 5 oder mehr Portionen pro Tag. Kinder oder Jugendliche mit niedrigerem sozialen Status essen noch weniger davon (Robert-Koch-Institut, 2015, S.2).

1.4   Ableitung von Handlungsschwerpunkten

Um die Situationen in Schulen zu verbessern sollte der Stress reduziert und darauf geachtet werden, dass eine gesunde Ernährung angeboten wird. Es könnten Entspannungskurse angeboten werden, oder auch Ruheräume eingerichtet werden. Manchmal sind kurze Phasen der Entspannung schon förderlich. Gerade auch vor Arbeiten oder Prüfungen wäre es sicher förderlich, wenn der eine oder andere die Möglichkeit hätte, herunter zu kommen, sich noch einmal zu sammeln und zu entspannen. Auch die Lehrer sollten die Möglichkeiten haben, sich dem Stress entziehen zu können. Ein separater Raum wäre auch hier angebracht, da auch teilweise viel Trubel im Lehrerzimmer herrscht.

Ein weiterer Ansatz ist wie gesagt auch die Ernährung. Dies sollte nicht nur in der Praxis umgesetzt werden, sondern auch in der Theorie. Der theoretische Anteil könnte im Unterricht durchgeführt werden, oder auch in Projektwochen. Ein weiterer Ansatz wäre es, ab und zu ein gesundes Frühstück durchzuführen. Des Weiteren könnte aber auch in der Kantine etwas geändert werden. Wichtig wäre es, dass die Schüler auch teilnehmen und gesundes Essen schätzen lernen, anstatt abgeschreckt zu werden.

Im Folgenden werden die Argumente für eine gesunde Ernährung für die beiden Personengruppen dargestellt.

Argument 1 Lehrer: Eine gesunde Ernährung fördert kurzfristig, aber vor allem auch längerfristig Gesundheit. Somit können vielleicht weniger Ausfälle verzeichnet werden. Gleichzeitig ist dies auch das erste Argument für die Schüler. Eine verbesserte Gesundheit der Schüler führt dazu, dass diese nicht so oft krank sind. Krank im Sinne einer Infektion, nicht im Sinne von „keiner Lust".

Das zweite Argument für die Lehrer ist, dass diese teilweise auch keine Zeit haben, sich gesundes Essen für die Schule zu kochen. Somit können sie dadurch Zeit sparen und sich gleichzeitig ausgewogen ernähren.

Das zweite Argument für die Schüler ist, dass sie so auch erfahren, was gesund leben und essen heißt. Heutzutage sind viele Eltern auch nicht so interessiert an der Ernährung der Kinder und leben ihnen es nicht vor.

Das letzte Argument für die Lehrer ist, dass sie durch ein gesünderes Essen schon viel ausgeglichener sind. Der Stresspegel wird gesenkt und der Insulinspiegel sollte auf gleichem Niveau sein. Es gibt doch nichts besseres, also ein hochwertiges Essen. Dies wirkt sich gut auf das Gemüt aus.

Das letzte Argument bei den Schülern ist, dass sie gemeinsam lernen, gesund zu leben und zu essen. Teilweise ist es heute so, dass die Schüler ausgelacht werden, die ein Vollkornbrot mit Salat mit in der Schule haben. Dazu gäbe es keinen Grund, aber ein „Nutellabrot" ist oftmals viel cooler. Durch gemeinsames gesundes Essen könnten alle miteinander und auch voneinander lernen und am Ende macht es viel mehr Spaß.

2 Schwerpunktthema für ein Projekt zur Gesundheitsförderung im gewählten Setting

Meine Zielgruppe in dem Setting Schule sind die Schüler der Klassen 5-12. Die Schüler sind in der Regel zwischen 10 – 19 Jahre. Das Schwerpunktthema soll das Thema einer gesunden und bedarfsgerechten Ernährung sein. Die Aussagen der befragten Lehrerin bestätigen ebenfalls, dass hier Handlungsbedarf besteht. In der heutigen Gesellschaft ist es fast wichtiger, bei den Kindern anzusetzen. Bei der älteren Bevölkerung ist es schon fast zu spät. Wenn bei den Kinder bzw. Jugendlichen angesetzt wird, dann könnten sie dies gegebenenfalls an ihre Kinder weiter geben.

Das Thema zur Gesundheitsförderung soll „Fit fix Lernen am Humboldt Gymnasium" heißen. Mit dem Titel soll schon beschrieben werden, dass es sich besser lernen lässt, wenn man seinem Körper gesunde Lebensmittel zuführt.

Nach Aussagen der befragten Lehrerin besteht auch in dieser Schule Handlungsbedarf. Es gibt zwar eine Schulkantine, aber diese bietet relativ ungesunde Gerichte an. Nahe liegt auch, dass die angebotenen Gerichte Fertiggerichte sind und somit auch viele schädliche Stoffe enthalten sind. Eine „gesunde Kantine" wäre somit von Vorteil. Schüler und auch Lehrer hätten die Möglichkeit, sich ausgewogener zu ernähren und somit besser lernen bzw. arbeiten zu können. Mit gesunden Zutaten im Bauch, die auch den Blutzuckerspiegel konstant halten, ist es viel leichter zu lernen. Ebenso könnten sozial benachteiligte Schüler von diesem Projekt profitieren. Einige könnten überhaupt erst einmal lernen, was gesunde Ernährung heißt, das gesunde Ernährung auch nicht zwingend teuer ist und es so an ihr Umfeld weiter geben. Ein weiterer positiver Punkt eines solchen Projektes ist, dass hier alle zusammen „arbeiten" können. Sowohl die Kinder können von den Lehrern lernen, als auch die Lehrer von den Kindern. Ein positiver Kreislauf könnte entstehen, der auch aus der Schule heraus führt und die Eltern der Kinder mitreißt. So etwas ist in jeder Hinsicht ein erstrebenswertes Ziel.

2.1 Konkrete Zielsetzung

Das konkrete Ziel ist es, den Jugendlichen innerhalb der nächsten 12 Monate bedarfsgerechte Ernährung anbieten zu können. Natürlich müssen hier auch die finanziellen Mittel berücksichtig werden. Deswegen ist auch gleichzeitig ein weiteres Ziel, die Stadt davon zu begeistern. Denn auch die Stadt sollte das Ziel gesunder Einwohner haben. Mit einem ausgearbeitetem Konzept könnte Leipzig hier für Vorbildfunktionen stehen. In den nächsten 3 Monaten sollen auch Infoveranstaltungen für die Lehrer stattfinden. Zunächst erst einmal für die Lehrer, da diese letztendlich auch pädagogisch handeln wollen, sollen und auch müssen. Die Schulungen, bzw. Infoveranstaltungen werden für die Lehrer auch als Arbeitsstunden berechnet. Damit sollen sie doppelt motiviert werden. Zum einen wird es entlohnt, zum anderen lernen sie auch selber etwas. In den ersten 3 Monaten soll dieser Prozess schon gut voran geschritten sein, denn nach den ersten 3 Monaten werden auch die Schüler mit eingebunden. Im vierten Monat sollen sich die ersten Unterrichtseinheiten bei den Schülern mit dem Thema gesunder Ernährung befassen. Auch die Schüler lernen nun im Unterricht, in Workshops und in der Praxis, was gesundes Essen bedeutet. Ziel ist es, dass sie alles gemeinsam lernen, und keiner ausgeschlossen wird.

Ab dem vierten Monat wird ebenfalls die Kantine umstrukturiert. Den gewöhnlichen Essensanbieter gibt es nicht mehr. Im nächsten halben Jahr ist es Ziel, dass es einen gesunden Zulieferer gibt.

Für die Schüler, die nicht an dem Essen in der Kantine teilnehmen können, werden ab dem vierten Monat einmalig Workshops angeboten. In diesem sollen die Schüler und auch ihre Eltern lernen können, wie gesundes Essen günstig zubereitet wird.

Zwei große Ziele stehen somit im Vordergrund. Zum einen soll die Stadt von dem ausgearbeiteten Projekt begeistert werden, zum anderen sollen auch die Lehrer und Schüler begeistert werden. Es soll ein Netzwerk entstehen, in dem alle allem helfen und alle miteinander lernen.

3   Recherche Modellprojekt

Tabelle 2: Projekt "Fit mit Genuss – Ernährung mit Anspruch"

Titel des Modellprojekts	Fit mit Genuss – Ernährung mit Anspruch
Projektlaufzeit	01.01.2004 – 31.12.2005
Initiatoren / durchführende Institution	Ein Modellprojekt der Sächsischen Arbeitsstelle für Schule und Jugendhilfe e.v. gefördert durch das Sächsische Staatsministerium für Umwelt und Landwirtschaft
Ausgangssituation und Ziele	Hintergrund des Projektes war der immer häufiger auftretende Kompetenzverlust von Kindern und Jugendlichen im Bereich der Ernährung. Damit einher geht die Zunahme von ernährungsbedingten Krankheiten. Des Weiteren hat es negative Auswirkungen auf die körperliche und geistige Leistungsfähigkeit. Die Hauptzielgruppe waren Schüler und Lehrer aus den verschiedensten Schularten in Sachsen. Anliegen des Projekts war es, Kinder und Jugendliche für Ernährungsthemen zu begeistern, zu interessieren und auch zu sensibilisieren. Die Jugendlichen sollten ebenso etwas über die Qualität und Herstellung von Nahrungsmitteln lernen. Besonderer Wert sollte auf die Produktion in lokalen Unternehmen gelegt werden. Wichtig in dem Projekt war auch, dass die Kinder zum Nachdenken über ihr eigenes Essverhalten und ihr Lebensstil angeregt wurden. Die Ziele des Projekts wurden auch noch in Teilziele aufgeteilt. Folgend werden sie genannt: A) Stärkung der schulischen Verantwortung in Bezug auf Ernährungs- und Verbraucherbildung im Rahmen einer ganzheitlichen Gesundheitsförderung

	B) Erprobung der Möglichkeiten von Schulen zu einer kontinuierlichen Ernährungs- und Verbraucherbildung unter den vorhandenen schulischen Rahmenbedingungen
Methoden bzw. Projektaufbau und –abbau	Projektablauf: 1. Projektvorbereitung (01.01.-05.04.2004) Hier wurden die ersten Schulen für das Projekt gewonnen. Das Projekt wurde vor den Kooperationspartnern vorgestellt, sowie im Kultusministerium. Zudem wurden auch schon Projektideen gesammelt. 2. Konzeptentwicklung (01.03.-02.07.2004) In diesem Abschnitt wurde das Projektteam an den jeweiligen Projektschulen gebildet. Im Folgenden wurden die bisherigen Aktivitäten an der Schule gesammelt und der Bedarf ermittelt. Auch das Konzept wurde bis zum Grobkonzept entwickelt. 02.07.2004 Präsentationsveranstaltung für Institutionen und Kooperationspartner – Vorstellung und Diskussion der entwickelten Schulkonzepte 3. Konzeptumsetzung und –begleitung (23.08.2004-31.07.2005) Hier fand die Detailplanung zu den konkreten Projekten statt. Es wurde sich auch noch einmal mit den Kooperationspartnern abgestimmt. Ebenfalls fanden Fachtagungen und Workshops statt. Am 24.10.2004 fand die Workshoptagung „Fit mit Genuss in die Pause" statt. Am 30.05.2005 fand dann der Ideen- und Präsentationsworkshop „Fit mit Genuss – Gesund essen und genießen" statt.

	Die Auswertung und Ergebnissicherung fand dann im Zeitraum vom 01.08.-31.12.2005 statt.
Projektevaluation / Ergebnisse	Die Auswertung des Projektes erfolgte durch verschiedene Dokumente und Methoden. Ausgewertet wurden die Fragebögen der Schüler- und Elternvertreter, die Workshops und die Planungs- und Dokumentationsbögen der Projektschulen zu jedem Teilprojekt. Zudem wurden standardisierte Interviews mit den Schulleitern und Projektteamleitern jeder Modellschule durchgeführt.
	Im Rahmen des Projekts ist es gelungen, Ernährungs- und Verbraucherthemen in die Schulentwicklungsprozesse einzubinden und Schulen zu sensibilisieren, sowie zu motivieren, das Thema zu berücksichtigen. Alle Schulen entwickelten ihr eigenes Konzept.
	Zum Thema Ernährung kam in manchen Schulen noch das Thema Schulklima bzw. Bewegung hinzu.
	Durch die Einbindung der verschiedenen Konzepte gelang eine dauerhafte Implementierung der Themen an den Modellschulen. Durch eine kurz-, mittel-, und langfristige Zielsetzung lassen oder ließen sich die Ziele genauestens planen und umsetzen. So werden die Ziele so auch kontrollierbar.
	Ein positives Ergebnis ist auch, dass die verschiedensten Kooperationsbeziehungen entstanden sind. 67% der Aktivitäten und auch der Teilziele wurden durch Kooperationen (mit außerschulischen Partnern) umgesetzt.
	Die Reaktionen auf das Projekt waren verschieden. In der Grundschule ist es besser gelungen, die Eltern mit einzubeziehen. Die Eltern waren hier sehr aktiv. In der Mittelschule und im Gymnasium waren vor allem dann die Elternvertreter aktiv, aber nicht mehr die Eltern selber. An Schulen der Lernförderung war die Umsetzung schwierig, da die Schüler oft lernbehindert sind und

	auch aus schwierigen familiären Verhältnissen stammen. Leider wurden an allen Schulen kaum die Angebote für die Eltern angenommen. Infoveranstaltungen z.B. zum Thema „gesunde Ernährung" wurden kaum besucht. Jedoch wurden gemeinsame Angebote wie das Jahreszeitenfrühstück sehr gut angenommen. Hier konnten die Eltern zusammen mit ihren Kindern teilnehmen. An allen Projektschulen konnten die Teilziele innerhalb eines Schuljahres erreicht werden. Alle Schulen, die am Projekt teilgenommen haben, haben das Projekt ebenso langfristig mit ins Schulprogramm aufgenommen. Abhängig von den finanziellen Mitteln werden bewährte Angebote (ca. 75%) weiter durchgeführt. Ein positives Ergebnis ist auch, dass alle Schulen behaupten, dass dieses Projekt die Schulentwicklung weiter gebracht hat.
Schlussfolgerungen für die Praxis	Generell kann gesagt werden, dass Lehrer und Erzieher offen für das Projekt sind. Viele von ihnen haben auch neue Ideen die eingebracht werden können. Für eine zielgerichtete Arbeit an diesem Thema fehlt jedoch leider noch ein roter Faden.
Genutzte Literaturquellen	Sächsische Arbeitsstelle für Schule und Jugendhilfe e.V. (2005). Fit mit Genuss – Ernährung mit Anspruch. Zugriff am 19.06.2018. Verfügbar unter http://lsj-sachsen.de/downloads/fit/Abschlussbericht_fit.pdf

Beurteilung: Grundsätzlich ist der Ansatz eines solchen Projektes sehr gut. Schwierig könnte es dann wirklich in der Umsetzung werden. Es gibt viele gute Ansätze. Die Umsetzung könnte allerdings schwierig werden, da in einem solchen Projekt alle miteinander arbeiten müssen und auch das gesamte Setting davon begeistert werden müsste. Dies könnte zum Problem führen, da es immer welche gibt, die nicht zu begeistern sind. Auf jeden Fall ist ein solches Projekt ein erstrebenswertes Ziel. Es sollte von den Schu-

len in Angriff genommen werden, gerade auch, um dem heutigen Problem des Überge-
wichtes den Kampf anzusagen.

Wichtig wäre es auch, größere Träger von solchen Projekten zu überzeugen. Gerade die
Städte allgemein könnten auch etwas investieren. Es wäre was sinnvolles, und auch im
Sinne der Bevölkerung.

4   Literaturverzeichnis

Hölling, H. & Schlack, R. (2007). Essstörungen im Kindes- und Jugendalter. Erste Ergebnisse aus dem Kinder- und Jugendgesundheitssurveys (KiGGS), *Bundesgesundheitsblatt, Gesundheitsforschung, Gesundheitsschutz 2007*, 50 (5/6). 794-799.

Kamtsiuris, P., Atzpodien, K., Ellert, U., Schlack, R. & Schlaud, M. (2007). Prävalenz von somatischen Erkrankungen bei Kindern und Jugendlichen in Deutschland. Ergebnisse des Kinder- und Jugendgesundheitssurveys (KiGGS), *Bundesgesundheitsblatt, Gesundheitsforschung, Gesundheitsschutz* 2007, 50 (5/6), 686-700.

Meyer, M. & Meschede, M. (2016). Krankheitsbedingte Fehlzeiten in der deutschen Wirtschaft im Jahr 2015. In B. Badura, A. Ducki, H. Schöder, J. Klose & M. Meyer (Hrsg.), *Fehlzeiten-Report 2016. Unternehmenskultur und Gesundheit – Herausforderungen und Chancen*. Heidelberg: Springer

Nold, D. (2010). Sozioökonomischer Status von Schülerinnen und Schülern 2008. In Statistisches Bundesamt (Hrsg.), *Wirtschaft und Statistik. 150 Jahre Produktionsstatistik. EDS Europäischer Datenservice. Öffentlicher Personalverkehr. Sozioökonomischer Status von Schülern. Schwerbehinderte. Kinder mit Migrationshintergrund in Tagesbetreuung. Einfluss der Körpergröße auf Lohnhöhe und Berufswahl. Frühgeschichte der volkswirtschaftlichen Gesamtgröße* (S. 138-149). Wiesbaden: Statistisches Bundesamt.

Robert-Koch-Institut. (2014). *Studie zur Gesundheit von Kindern und Jugendlichen in Deutschland: Wichtige Ergebnisse der ersten Folgebefragung (KiGGS Welle 1)*. Zugriff am 16.06.2018. Verfügbar unter https://www.kiggs-studie.de/fileadmin/KiGGS-Dokumente/KiGGS1_Zusammenfassung_20140623.pdf

Robert Koch-Institut (Hrsg.). (2015). Obst- und Gemüsekonsum. *Faktenblatt zu KiGGS Welle 1: Studie von Kindern und Jugendlichen in Deutschland – Erste Folgebefragung 2009-2012*, Berlin: Robert Koch-Institut.

Sächsische Arbeitsstelle für Schule und Jugendhilfe e.V. (2005). *Fit mit Genuss – Ernährung mit Anspruch*. Zugriff am 19.06.2018. Verfügbar unter http://lsj-sachsen.de/downloads/fit/Abschlussbericht_fit.pdf

5   Tabellenverzeichnis

5.1   Tabellenverzeichnis